S0-BND-515

Caballos de Fuerza/
Horsepower

# Camionetas/ Pickup Trucks

por/by Sarah L. Schuette

Consultora de Lectura/Reading Consultant:
Barbara J. Fox
Especialista en Lectura/Reading Specialist
Universidad del Estado de Carolina del Norte/
North Carolina State University

Mankato, Minnesota

Blazers is published by Capstone Press,
151 Good Counsel Drive, P.O. Box 669, Mankato, Minnesota 56002.
www.capstonepress.com


Printed in the United States of America

*Library of Congress Cataloging-in-Publication Data*
Schuette, Sarah L., 1976–
[Pickup trucks. Spanish & English]
Camionetas/por Sarah L. Schuette = Pickup trucks/by Sarah L. Schuette.
p. cm.—(Blazers—caballos de fuerza = Blazers—horsepower)
Includes index.
ISBN-13: 978-0-7368-7322-2 (hardcover)
ISBN-10: 0-7368-7322-8 (hardcover)
1. Pickup trucks—Juvenile literature. 2. Truck racing—Juvenile literature. I. Title: Pickup trucks. II. Title. III. Series: Blazers—caballos de fuerza.
TL230.15.S418 2007
629.223'2—dc22 2006008503

Summary: Describes pickup trucks, their main features, and how they are raced—in both English and Spanish.

**Editorial Credits**
Mandy Marx, editor; Jason Knudson, set designer; Thomas Emery, book designer; Jo Miller, photo researcher; Scott Thoms, photo editor; settingPace LLC, production services; Strictly Spanish, translation services

**Photo Credits**
Artemis Images, 15, 27
Courtesy of American Honda Motor Co. Inc., 5, 6, 7 (both), 8, 24
Getty Images Inc./Jamie Squire, 26; Scott Olson, cover
Index Stock Imagery, 10–11; Randy Lorentzen, 23
Mercury Press International/Isaac Hernandez, 12, 14, 21 (top)
Ron Kimball Stock/Ron Kimball, 13, 16–17, 18–19, 20, 21 (bottom), 28–29



The author dedicates this book to Brown T. Schuette of Belle Plaine, Minnesota.

1 2 3 4 5 6 11 10 09 08 07 06

# Table of Contents



# Tabla de contenidos

# Road Tests/ Pruebas de carretera

New pickup trucks face difficult road tests before they can be sold. They are pushed to their limits of speed and handling.

Las nuevas camionetas enfrentan difíciles pruebas de carretera antes de que puedan venderse. Las llevan al límite de velocidad y manejo.

During road tests, pickups pull heavy loads. They climb and splash through rugged areas.

Durante pruebas en carretera, las camionetas jalan o transportan cargas pesadas. Suben por zonas escabrosas y atraviesan lugares con agua.

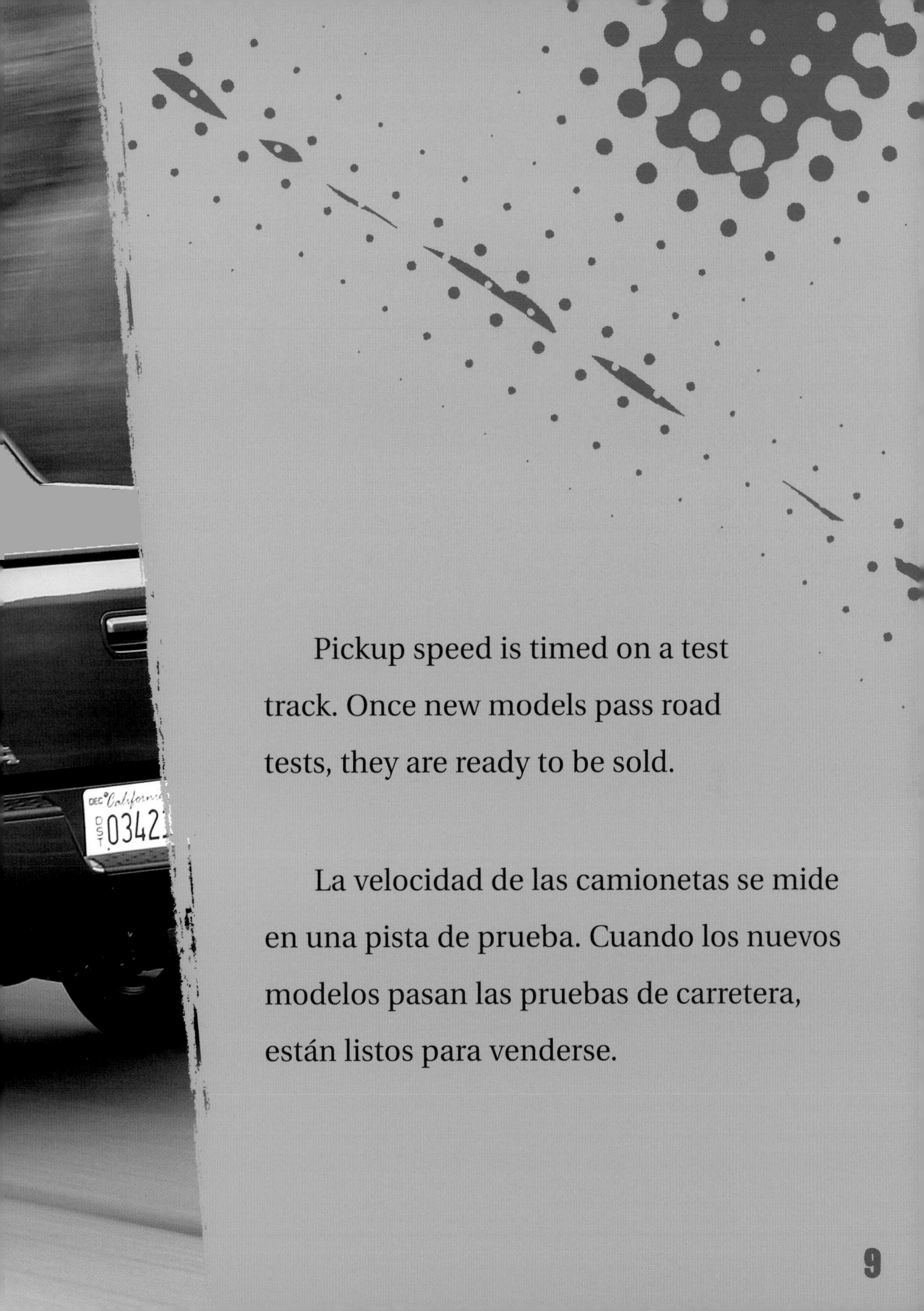

Pickup speed is timed on a test track. Once new models pass road tests, they are ready to be sold.

La velocidad de las camionetas se mide en una pista de prueba. Cuando los nuevos modelos pasan las pruebas de carretera, están listos para venderse.

# Powerful Trucks/ Camionetas potentes

Pickups are built to be powerful and tough. Full-size pickups have heavy frames, large tires, and deep beds.

Las camionetas están construidas para ser potentes y resistentes. Las camionetas de tamaño normal tienen armazones pesadas, llantas grandes y cajas profundas.

Some pickup trucks have powerful hemi engines. These engines guzzle lots of gas. They produce more than 300 horsepower.

Algunas camionetas tienen poderosos motores hemi. Estos motores consumen mucha gasolina. Producen más de 300 caballos de fuerza.

## Blazer Fact

Horsepower measures engine power. The term "horsepower" came from comparing engine power to a horse's strength.

## Dato Blazer

Los caballos de fuerza miden la potencia del motor. La frase "caballos de fuerza" proviene de comparar la potencia del motor con la fuerza de un caballo.

Pickups have the power to haul loads twice their size. Pickups use hitches to tow. A wide wheel base helps them support heavy loads.

Las camionetas tienen la potencia para jalar o transportar cargas del doble de su tamaño. Las camionetas usan enganches para remolcar. Una amplia distancia entre las ruedas les permite aguantar cargas pesadas.

## Blazer Fact

Full-size pickups weigh more than 5,500 pounds (2,495 kilograms). That's more than 10 grizzly bears.

## Dato Blazer

Las camionetas de tamaño normal pesan más de 5,500 libras (2,495 kilogramos). Eso es más de lo que pesan 10 osos pardos.

# Pickup Diagram/ Diagrama de una camioneta

Cab/
Cabina
GMC

# Compacts and Crossovers/ Compactas y mixtas

Compact trucks have short beds and bodies. They look like mini versions of full-size pickup trucks.

Las camionetas compactas tienen cajas y cabinas cortas. Parecen versiones en miniatura de las camionetas de tamaño normal.

Ford

Crossover vehicles are part car and part pickup truck. They look like SUVs or cars with cargo beds.

Los vehículos mixtos son parte automóvil y parte camioneta. Parecen SUVs o autos con cajas para carga.

Nissan Frontier

Chevrolet SSR

# At Work and Play/ Para trabajo y diversión

Not much can stand in the way of pickup trucks. They plow through sand, water, and mud without getting stuck.

Casi nada es obstáculo para las camionetas. Pasan por arena, agua y lodo sin estancarse.

RANGER

Ohio Bicentennial
7 S5HS
SPECIAL

Pickup beds are tough enough to haul heavy loads. Tailgates can swing open for easy unloading.

Las cajas de las camionetas son muy resistentes para poder transportar cargas pesadas. Las puertas traseras se abren para descargar fácilmente.

Some people race pickup trucks. Drivers tear around tracks and dirt courses. Whether at work or play, pickups are powerful machines.

Algunas personas compiten en carreras con camionetas. Los pilotos pasan a toda velocidad por pistas pavimentadas y caminos de terracería. Ya sea para trabajar o para divertirse, las camionetas son máquinas potentes.

## BLAZER FACT

Pickup truck racers compete in the NASCAR Craftsman Truck Series races.

## DATO BLAZER

Los pilotos de camionetas compiten en las carreras de la Serie Craftsman Truck de NASCAR.

# Rough and Tough!/ ¡Rudas y resistentes!

F350

# Glossary

**bed**—the flat area in the back of a pickup used to carry cargo

**course**—a route

**hitch**—the connection between a vehicle and an object that is pulled

**horsepower**—a unit for measuring engine power

**SUV**—a four-wheel-drive vehicle with a roomy interior, made for off-road travel; SUV stands for sport utility vehicle.

**tailgate**—a gate at the back of a truck that can open to the bed

**wheel base**—the distance between the wheels on the left and right sides of a vehicle

# Internet Sites

FactHound offers a safe, fun way to find Internet sites related to this book. All of the sites on FactHound have been researched by our staff.

Here's how:

1. Visit *www.facthound.com*
2. Choose your grade level.
3. Type in this book ID **0736873228** for age-appropriate sites. You may also browse subjects by clicking on letters, or by clicking on pictures and words.
4. Click on the **Fetch It** button.

WWW.FACTHOUND.COM®

**FactHound will fetch the best sites for you!**

# Glosario

**los caballos de fuerza**—una unidad para medir la potencia de un motor

**la caja**—el área plana en la parte posterior de una camioneta que se usa para llevar carga

**el camino**—una ruta

**la distancia entre ruedas**—la distancia entre las ruedas de la izquierda y la derecha de un vehículo

**el enganche**—la conexión entre un vehículo y un objeto que se jala

**la puerta trasera**—una compuerta en la parte de atrás de la caja de una camioneta

**el SUV**—un vehículo de doble tracción con interior espacioso, hecho para viajar fuera de carretera; SUV son las siglas en inglés de vehículo utilitario deportivo.

# Sitios de Internet

FactHound proporciona una manera divertida y segura de encontrar sitios de Internet relacionados con este libro. Nuestro personal ha investigado todos los sitios de FactHound. Es posible que los sitios no estén en español.

www.FactHound.com®

Se hace así:

1. Visita *www.facthound.com*
2. Elige tu grado escolar.
3. Introduce este código especial **0736873228** para ver sitios apropiados según tu edad, o usa una palabra relacionada con este libro para hacer una búsqueda general.
4. Haz clic en el botón **Fetch It.**

**¡FactHound buscará los mejores sitios para ti!**

# Index



# Índice